Wrightin veljesten unet

Wrightin veljesten unet

JOUKO KIVINEN

© 2014 Jouko Kivinen
ISBN: 978-952-7086-01-8 (nid.)
ISBN: 978-952-7086-00-1 (ePub)
ISBN: 978-1-310-59838-8 (ePub, Smashwords)

PITKÄKOIPINEN MIES

Olipa yksi mies semmoinen ei mikään niin kovin iso, poika se oli melkein ja poppamiehet olivat sen kironneet niin ettei se osannut koskaan levätä vaan se mies vaelsi pitkin katuja pitkin koivin, varsin pitkin ja ehti kiertää monet kylät niin kuin sen piti

kun se haeskeli vanhoja kaikuja jotka aina karkasivat kun se mies koetti ottaa niitä kiinni ja omiksi. Näet se mies kaipasi jotenkin eikä osannut oikein olla niin että se kulki ja etsi ja tupakoi reikiä ilmaan ja tuumi että jospa joskus vielä muuttuisi kaikki

vaan ei näkynyt sitä kapinaa, muita kulkijoita vain ja siitä miehestä ne näyttivät ihan menninkäisiltä kun se katseli niitä sieltä korkealta koipiensa päältä ja oli ihan niin kuin niillä olisi ollut varjot kaikilla pään päällä sellaiset taivaalta suojaavat ja sen tippumiselta ja siltä mitä sieltä tuli.

Vaikka se siltä vain näytti niin olivat ne outoja aikoja ja vaikka maisema näyttikin nätiltä ja peilaajan unelmalta, oli paljon lasia ja lasitorneja ja terästä ympäriinsä niin mitä se mies niistä, se meni vaan aina meren rantaan ja huuteli siellä kaikenlaista yli aaltojen.

Niin se nytkin istui se mies rannalla penkillä mikä oli jäänyt siihen ihan veden ääreen, vähän risainen kangastuoli se oli sellainen juovikas ja siinä kun se mies istui niin siitä alkoi tuntua että se tuoli sen miehen alla kasvoi partaa ja kun se mies ei voinut jäädä siihen se nousi ja läksi kävelemään

ja päätyi oikein vanhalle ja kuluneelle asemalle joka oli kovasti ruma ja kun se mies siellä katsoi ylös niin se näki miten pulut ja lokit läiskivät sisään ja ulos ja yli kattojen ulapan ja yli rajojen kanssa, varmaan, arvaili se mies ja tunsi olevansa maassa

pitkin koivin mutta maassa, vieraana ja nimeä vailla tietenkin kun se oli joka paikassa aina vasta tullut näkemään miten muut maata tarpovat tekivät työtä ihan nurkumatta näköjään mitä se mies ihmetteli kun ei se osannut oikein mitään tehdä kun sillä olivat ne koivet sellaiset pitkänlaiset.

No se meni sitten tämä sama mies kun sillä ei ollut rahaa niin nukkumaan yhdelle tontille mikä oli vähän sivussa ja se veti huovan päälle ja näki unta mutta sitten kun se mies heräsi niin oli aikaista ja ympärillä märkää sumua joka tihkui niskaan ja kovin kylmä, apilat tuoksuivat kyllä mutta kylmästi ja koirat kiroilivat aivan nurkilla

silloin se mies nousi ja kääri huopansa ja läksi kahvilaan ja kerjäsi kupillisen ja istui siihen niin ja katseli lasin läpi naamoja joilla oli lasit ja ne naamat menivät ohi ja melkein samaan suuntaan ja se mies mietti sitä ja taas siitä tuntui niin kuin sen tuoli olisi alkanut työntää haivenia ja se seurasi lasin läpi miten niillä toisilla uran laidat ylenivät ja miten ne vahtivat toisiaan omista pikku torneistaan ja miten ne harrastivat, piirsivät ja kameroivat kaikkia niitä muita toisia joita oli siis tosi paljon ja se olikin se niiden työ että ne mittailivat ja katselivat arvioiden tarkkaan

ja asiantuntevina kun tämä mies vaikka pyysi kolikkoa jollain pysäkillä ja silloin horisontit pakenivat niiden silmissä, niillä oli sellaiset röntgensilmät että ne näkivät paljonko oli leluja kyselijällä tai oliko yhtään ja jos ei se sitten keksinyt mitään ne menivät pois

– ajatteli se mies, sekin näet harrasti, ja se kuunteli kun astioita paiskottiin siinä kahvilan keittiössä niin kuin tiiliä yleensä ja se mies katsoi taas ulos sinne missä aivot laskivat ja kertasivat polkujaan ja koettivat lukea mitä oli horisonttiin kirjoitettu

ja sitä mitä väijyi repaleisen äärettömyysrajan tuolla puolen ja ne laskivat ja kertasivat kahvilassa sisälläkin ja baarissa vastapäätä ja ohi pirahtavissa partaisissa autoissa ja siellä merellä jossakin missä sään puremat kädet takertuivat ruoreihin navigoijien piipityksessä ja huminassa

tsikketitsak leikkasivat ohi askeleet ja se mies ajatteli että parempi sentään siellä merelläkin olla kuin kyntää pystyyn seivästettynä ja suru silmissä täällä jossakin kohti lakastuvaa taivaanrajaa, poikki näiden päivien kun lehdet rimpuilivat maassa ja puut ja linnut ilmassa kun tutkijat kokeilivat tuulikojeitaan.

Miehestä sitten tuntui että ne sen ajatukset ne vasta humisivat ja niin se nousi palliltaan ja läksi ulos ja siinä kun se oli tullut ihan siihen oviaukolle ja aurinko oli juuri noussut ja sen säteet iskivät päin niin hetken oli niin kuin olisivat seinät ympäriltä sortuneet ja laonneet kimmeltäväksi lasinmurukedoksi maahan

näet ne olivat joskus sellaisia nämä sen miehen aamut, iloisia, ja kun se siitä iloisena lähti niin ei se heti huomannutkaan miten tulijat käärivät takkeja suojaamaan tuulelta ja miten vakavia kasvoja oli kaikkialla ja paljon touhua ja miten ne kerääntyivät pöytien ympärille hiottuihin huoneisiin ja terasseille luettelemaan virheitään ja laskemaan uusia

vasta kohta se mies edes kuuli, sen miten puheet hurisivat sen ympärillä niin kuin lauma paarmoja ja naamat neuvottelivat melkein juhlavina siitä kuka saisi syödä auringon, kilpailukin oli julistettu ja lähettäjät nostelivat jo pyssyjään ja kukin osallistui yksilönä yksin kaikessa seurassa

yksilöinä niin kuin ne aamubusseissa ja autoissa ja laivoissa kiisivät eteenpäin ankkurit pohjaa etsien. Ja nyt se tuuli toi myös sateen: korkealla ylhäällä maailmanpursi karahti pilvien pohjaan ja leimahti ja siinä se seisoi se mies raesateessa ja ropisi.

Tuli kovasti hämärä ja katu oli merenvihreä lätäkkö, koirat haukkuivat ja aamun iloiset viulistit vaelsivat viluisina talonvieriä ateriaa etsien ja täpärästi ohitse ja tsikketsillei kulkivat askeleet ohitse aina vain, mies ajatteli että se oli kuin

joku vanha kaiverrus, vähän outo ihmiset jäätyneitä ja heidän
yllään kyyhkysiä lennossa

vieläkin ylittivät miehet katuja, traagisen tehokkaina, mitään
tuhlaamatta, kaikki mitattuna vähimpäänkin ja heidän
käsiensä mitan päässä naiset kuolleita eläimiä harteillaan,
niillä heidän kapeilla, kalpeilla hartioillaan joiden yllä ohimot
hohtivat hopeapölyä kun he tulivat liki ja menivät ohi sylissä
katujen jotka olivat sylissä talojen tungoksen,

lapset kierittivät marmoria kivetyksellä, alkoi pudota ohuita
sadepisaroita ja myrsky paini taivaanlaella, kohta vesi tuli ja
mies juoksi turvaan porttikäytävään sen suulla styroxin-
kappale rätisi räystään alla ja se ääni ja juoksun ponnistus
sortivat maahan miehen ajatukset niin kuin ponnistus ja
harkinta aina jäi kun oli lentäminen

ja se miehen aamu oli jo liukunut kauas ulottumattomiin ja
maisema oli kuin tuhatvuotinen kivipiirros, nämä pisarat
jotka kuohuivat alas rännejä olivat sataneet nämä tiet yli
raunioiden jo silloin kun kiviä vielä katot suojasivat kuten ne
nyt suojasivat terästä ja tehtaita joiden uumenissa koneet

koneet öljyisinä, heltymättöminä, piimulta-aivoin laskivat
trigonometriaa raukeiden, puutuneiden katseiden alla lepää-
mättä edes näinä kylminä öinä joina verekset ranteet
saapuivat hyväilemään niiden pahkuraisia kylkiä, keskiöinä
kun vuoro vaihtui ja sänkiset miehet, naiset lähtivät sätkineen
koloistaan yskimään ja räkimään pitkin sinertäviä katuja

ja uni edistyi kuten oli sovittu jo ammoin, pimeiden kabinettien sammioissa hehkuivat tulipäät ja hopeapöly oli valunut naisten kermaisille rinnoille joita miehet kähmivät kunnes he hakivat pihalta panssaroidut vaununsa ja syöksyivät katujen uurteita pitkin räjähtämään spermaansa lyijylaseihin.

Mies seurasi hidastuvaa valoa ja torkahti kohta vasten graniitista sahattuja portaita, havahtui paperin ääneen kun siellä hämärässä hänen takanaan nojasi joku nainen harmahtavat hiukset märkinä sameilla ohimoilla ja sillä naisella oli käsissään sanomalehti ja se nainen repi sitä sanomalehteä ihan pikkuisiksi suikaleiksi

ja sillä naisella oli kassillinen sanomalehtiä siinä vierellään ja se nainen repi niitä kapeiksi liuskoiksi, koneellisesti, aloitti ylälaidasta ja repi alas asti läpi kaikkien kerrosten, ei katsonutkaan miestä joka olisi kysynyt jos olisi kyennyt että miten hajosi silpuksi päivän lehti, viisisataa vuotta julkista mennyttä hylättiin siinä hänen sitä katsellessaan

ylhäältä alas asti halkaistuna siinä paikassa ja vielä enemmänkin, kun lehti oli revitty nainen jatkoi ja teki riekaleet mosaiikiksi, kaikki kotimaat ja ulkomaat ja kirjainten sokkeloihin puijatun historian kaikki vanhat opasteet ja lasisen puutarhan juoksevat kartat menivät sitä tietä niin

ON VAIKUTTAVAA

On vaikuttavaa miten paljon sana
tai lauseavain muinoin suljettuun lukkoosi
voi tehdä: ovi avautuu
uuteen huoneeseen sinun maisemasi sisällä

etäällä tasanko putoaa mereen
sinun askeleesi etsivät
kengittä kapeita, ruohottuneita polkuja
taivas terästä sinisempänä ylläsi

vaikuttavaa miten paljon sana
tai lauseavain löytäessään

mutta sinä seisot kumisaappaat jalassa
kuuntelet puiden saagaa etkä ymmärrä
miten pimeä
on tähtitaivas, sen tiheä kirjoitus.

OI ANNA MINUN OLLA

Jääkaappiin kuoritut munat sirisevät
kelmuissaan vasten pimeää koteloa

Oi, anna minun
olla sinun rakotulkkisi
sinun vesiholkkisi sinun kierrevaakasi
polta hiljaisella tulella minun polyesterisilmäni
lyö minut, upota minut,
hukuta minut karvaaseen pikkelsiin

Ota minut selkääsi
tarraa kyntesi lasiini ime minut, valuta ylleni
laavajalkoja käpyjä kirjoituskoneita lapionvarsia
mykkää fosforia sinun lankasi palava
peitteitä alas, matoille, loisku

Avoimen ikkunamme takaa valo
kampeaa sisään karmien rätinä
tämä huone vaipuu varjoon, katoaa lähetykseen
mumisee itsekseen
raapii pohkeitaan ja kaivelee hampaitaan
tule alas
kultaseni, kikkaraiseni

Ripusta sormesi minun kaulalleni,
sytytä kurkkusi, kutsu minut
tästä haperosta ilmasta
kerää minut seiniltä
sulje rasia
räjäytä auki kilpesi.

LÄHDE VAIN

Lähde vain, kohtaamaan unelmaasi
    opi että meri

kaipaamaan iättömyyttä tai unohdusta
    niin kuin joskus
    toivoit mitä tahansa henkeä tai yhteisöä
    jatkuvuutta tai sukua,
joka olisi ollut sinun
jolle olisit voinut luopua

aina sinä siitä maksat
itsesi, pääset livahtamaan vain luovuttamalla
kaikkesi, tiedätkö
    pelkäätkö Etkö muka pelkää

meidän silmillämme katsot, meidän ovat ajatuksesi
meidän yksinäisyyttämme sinä kannat

vai rohkenetko sanoa että päästyäsi
kyllin pitkälle avomerelle tai johonkin maagiseen saaristoon
sinä heittäisit pois kompassisi ja polttaisit merikorttisi
                         pystyisitkö sinä siihen
ja mietihän,
mietihän,
mietihän vielä,
kannattaisiko sinun

PAON VIIVOJA

Kamelit kelluvat keitaissa,
   (kaupunkien heittämissä varjoissa)
villikoirat juovat sameita vesiä
tämän pitkän talven jälkeen
   (sillä eivätkö kaikki talvet ole pitkiä?)

sinun pitäisi taistella, sissit sanovat,
myyvät cheguevara-puskuritarroja ja lukevat sinulle
lakia, lovelockia,
        messias-morrisonia, lehtien likaisia kolumneja

nostat kätesi pyykkilaudalle, se ei jaksa enää: nyt
sinä olet pulassa

sinulle tarjotaan unta kuussa
vaikka sinun on valvoen katsottava miten sateet
tulevat niin nopeasti, että ne ovat vaakasuoria paon viivoja

   vain valittu ilo,
   satujen retki kesän

MENESTYSTARINA

Menestystarinat
niitä rakastavat kaikki
vaikka jokaista riskinottajaa, onnistunutta
vastaa toinen, riskinottaja, katasrofaalisesti epäonnistunut

hänestä ei puhuta mielellään
hän ryhtyi uhkayritykseen
hylkäsi perheensä, vakaan työpaikan, varmat tulot
suvun tuen, isänsä hartiat,
säästönsä tai terveytensä
suksi umpihankeen – ja perkele hukkui sinne!

TAPANI KINNUSTA LUKIESSA

Herään, yskin
likainen tukka, ex keittiössä
yskin koko yön
pidin hereillä
menen, otan leipää sulamaan
keittäisin kahvia mutta en vielä
antaa nukkua tunnin
otan viimeisen
jouluomenan ja yhden satsuman, palaan
luen, syön, vuoteessa, räkätaudissa,
hedelmälihaa jää hampaankoloon
koetan tonkia post-it-lapulla mutta eihän se
onnistu, nousen
kylmään huoneeseen, kävelen
kylmään kylppäriin, otan hammastikun,
palaan, tongin koloa
viisi minuuttia taas mennyt
päivä ei vaikuta hyvältä
mutta herättävä on.

AJATUKSIA JOTKA EIVÄT KYTKEYDY

(tälläkin tiellä
tuuli pyyhkii lävitseni
valo kareilee ohi)

laatikoissa käydään taistelua pölykoiria vastaan
niissä käydään, ja niihin mennään
ohi kävelee ihminen jolla ei ole katsetta

ajatuksia jotka eivät kytkeydy
tunteita joilla ei ole kohdetta

(olen kuiva lehti
        painottomassa
putoamassa vieraaseen kaupunkiin)

Muistelen sinua aina hyvin myönteisessä sävyssä, kaipaan
ja ikävöin
suod. pusseja
kaalia, porkkanaa
makkaraa
kissanruokaa
maitoa
tupakkaa

LUONNOSTELMIA

Mennä töihin, myydä aikansa
ostaa viiniä
ostaa musiikkitelakka
   ostaa viiniä, kirjoja
ostaa viiniä
   lähteä perjantai-iltaan rohkeana ja vapaana

ostaa viiniä ja pieni läiskä maata
jonkin erämaajärven rannalta läheltä kaupunkia
hiljaisesta aarniometsästä,
   lintujen luota
      järvien luota
         kaislojen kohinasta
rakentaa sille tilkulle
   teltta, laavu, katos, röttelö, maja, talo, linna
ja linnan ympärille raivata
   kasvispenkki, yrttimaa, puutarha
   katsoa peurojen polut
      syksyn tulevat sävyt
         hissata tykit torneihin.

MITÄS TUOSTA

Ai, minä en pääsekään mukaan? No, mitäs tuosta.
En minä oikeastaan olisi halunnutkaan.
Kyllä minä pärjään, minä lähden tekemään
omia pikku juttuja niin kuin tähänkin asti
tekemään ATOMIpommia
minä tulen sitten takaisin.

Katsokaas nyt!
– voi, se olikin vain pieni tussahdus
no minä menen yrittämään uudestaan
älkää naurako! Tehän otitte kaikki
ne hyvät värikynät, minulla on vain
tämmöisiä mistä katkeilee terät.

Hei, minä tässä taas! – no mutta
missä te kaikki olette? Täällähän on
ihan autiota. Minä arvaan: varmaan te lähditte
niille synttäreille, mansikkakorin kanssa, ja istutte
nyt jossakin ja juttelette mukavia.
Minähän voisin leipoa teille vaikka kakun sillä välin!

Ei tämä nyt kyllä oikein tunnu luonnistuvan.
Kuulkaa, minä taidan mennä nukkumaan
– niin tai eihän siinä ole mitään kertomista.

No minä jätän ainakin tämmöisen onnittelukortin,
luette sen sitten kun tulette.

Hei kaikki! Näittekö te sen minun korttini?
Ai ette? No voi harmi. Niin sinä näit vai?
Ja se oli ihan tyhmä? Oli kai se vähän.
No minä menen sitten tänne nurkkaan istumaan.
Tai tänne komeroon.
Minä laitan vielä pussin päähän.

OLEMME AINA OMASSA SEURASSAMME

Hullunkurista miten
minä vaikka juoksen portaita
varoen kompastumasta
tulen ovelle, haparoin avaimia ja löydän
menen sisään, suljen oven
vedän verhot eteen, sytytän
      kaikki valot ja sitten sammutan ne
ihan vain tarkistaakseni -
katson että vesihanat eivät vuoda
että patteri ei kohise liikaa
ja ikkuna on juuri sopivasti auki
ja puhelin irti, tai kiinni, tilanteesta riippuen
ja menen vuoteeseen
niin siellä se sitten koisii.

OODI MEHUTETRALLE

Kun linnut kertoivat minua
kun en vielä ollut
enempää kuin levittäytyviä pintoja
lehvistöissä, kauemmaksi kuin saatoin ymmärtää

kun olin vielä humina tuulen sylissä
minut leikattiin, keitettiin
solmittiin ja puristettiin muotoon

minut tehtiin tyhjäksi, minut täytettiin
ja minä annoin suuta vanhuksille, annoin lapsille
virkistyneinä he erosivat, minä vähentyneenä

nyt makaan korissa kuten tallattu, vanha kuori
katoamassa muiden kaltaisteni joukkoon

mutta minä tulen takaisin
vuonna 4930 papit löytävät minut uudestaan
harvinaisena muistona menneistä, hulluista ajoista
ja valavat minut akryyliin.

CADIZ

Pitkät rantamuurit, kivenjärkäleet merta vasten
jotka sallivat vallitusten säilyä, päästävät ylitseen
Välimeren sokaisevan kirkkauden
tukahduttava, kuuma valo
se puristaa vanhoja miehiä tweedhaarniskoissaan
eläkeläisiä joille
joille on jäänyt vähän säästöjä,
jotka jäivät tänne

ehkä he joutuivat tänne vahingossa?
ehkä tämä sokaiseva pyörre kaappasi heidät
kun he nuorina vielä olivat matkalla ohitse
kaupunkeihin, merille, häämatkoilleen ... ja he jäivät

he asuvat täällä
odottavat
he istuvat viileissä kahviloissa
tummissa baareissa maalaamattomien puupöytien ääressä
matalilla penkeillä, äänettöminä, tarkkaillen

tulokas taistelee
kaikkialla leijuvaa tympeätä raukeutta vastaan
kävelee kapeita kujia ja väsyttää itseään
mutta levähdyspaikkoja ei ole

aina sama valo
joskus hän juo lasillisen lämmintä vettä joka ei vie janoa
ja palaa käyskentelemään meren partaalle nostettua
                    loputonta kivettyä tietä
hän koettaa nähdä
mihin se päättyy mutta pakoviivat hämärtyvät sineen
hän seuraa pareittain kulkevia
    udun läpi hän näkee hahmoilla aurinkovarjot
    kuvittelee Renoirin naiset, harsopäähineet

valkeita vaatteita ...
torjumassa kuumuutta ...
vanhoja miehiä ... yksinään ...

CANNES 1993

Korkealle kohoavat valkeiden fregattien mastot
ilmaan on kirjoitettu rahan kaikki nimet
kuu riippuu takiloissa, loimottaa säästeliäästi
tekee laskelmiaan

betonilla vuoratu meri, veden yllä lasilevyjen putous
katse lipeää linnan itsetietoisesta ulkopinnasta
lamppurivit, peililasiseinät
Vutton, QRay, Martinez, Cartier, Jo Malone
kertovat ettei täällä kengännauha solmiudu
ettei kukaan pääse sisään, ei ulos, ilman kultaista korttiaan

ei yhtäkään vapaata tilaa
ei yhtä ainoata onnellista aukiota

puistoissa pensaat ovat tasattuja, korkeita ja yksinäisiä
pysäköintihallien ovilla miehet, aurinkolasit, aseet

jokaisella kanavalla rätisee sama viesti:

rikosta tai rehellisyyttä ei täällä ole
me olemme kaikkivaltias totuus
meidän vallassamme on kaikki tämänpuoleinen

napsauta sormiasi – jos sinulla on taikurin kultaiset kädet
ja astu sisään
magnetismilla joka vetää katseet
sinne minne vain lasket kallisarvoisen jalkasi.

Ole jotakin! Nyt! – Tai et ole mitään.
Mitään!

MAGRITTE #2

Tänään melkein aioin:
seurasin erästä tähteä, mutta se alkoi pudota

näin kummallisia kuiluja, ihmeellisiä muutoksia
ihmisen joka näytti minulta,

nämä viivat on suunniteltu lannistamaan minutkin, ajattelin
kirjoittaa heille kysymyksen.

mutta se unohtui
aamu repesi päälle, päivän sankarit laskivat verkkonsa
koneet kirjoittivat sen yli mitä olin kertonut

eivät he olleet masentuneita
ja jokainen tahollaan oli valinnut aivan oikein.

Minusta he kävelivät kaikki samaan suuntaan. Päätin väsyä.

RISTEILIJÄT

Raha, sen avulla voit valita
jokapäiväisyyden mausteista juuri sairaudellesi sopivan
se suo yksityisyyden jonne muilla ei ole pääsyä
jos et tahdo, ja nyt sinun tahtoasi vartioidaan ja hellitään.

Saat matkustaa tuntemattomana muiden herrojen ja rouvien kanssa
ja törmäillä heidän maailmoihinsa (kaikella kunnioituksella tietenkin)

sitten maailmat sotivat ja maailmat fuusioituvat
jotkut meri ahmaisee kesken matkan.

Ehkä sinun on valittava ajoissa
ennen kuin ruori hapertuu ja purjeet
kun aluksesi
jonakin kiireettömänä, vanhana päivänä
löytää rehevöityneen satamansa jonne se ankkuroituu
enää koskaan lähtemättä.

Puro pieni pulputtaa,
solisee, juoruaa
sol sol sol
   lil lil lil

kaarnapursi laineilla
kannellansa sammakko
   krrk krrk, loiskis
puuh, sanoo tuuli.

KELTAINEN LEHDISTÖ

I

Lehman Brothers, AIG
Citigroup, luottoriskijohdannaiset
Katsoimme
tsunamin tulevan ja hän vain kysyi
mikä uimapuku pitäisi laittaa päälle

Rahoituskriisi 2008, maailmanlaajuinen lama, kymmenet
miljoonat menettivät säästönsä
työttömyys EU-USAssa kasvoi 2 prosenttiyksikköä
asunnottomien telttakyliä Floridassa
katastrofi
kaikki oli tietenkin järjestettyä

St. Regisissä Kappa Beta Phin bileissä hoilattiin dixietä:
otetaan ensin lainat
sitten linnoittaudutaan Wall Streetille
ai missä rahat? en minä tiedä
(kokeilkaapa Manhattanin porttoloita)

harmageddon
vaikutus markkinoihin u-s-k-o-m-a-t-o-n

ihmiset kysyvät mihin enää voi luottaa
kukaan ei enää lainannut rahaa!
vienti romahti 30 %
se oli pelottavaa

tosiaan
sossukundi Itä-Helsingissä huomasi ettei hänelle
edelleenkään lainattu rahaa
ja luottotiedoton, asunnoton nainen Malmilla
hän ei saanut edes pankkitiliä

II

Tämä on lopun alkua
insinöörin sanat lehdessä eron jälkeen,
oli moderni talo, 290 neliötä, unelma
cross trainer kellarissa, puntit
    kotiteatteri kodinhoitohuone sauna

uusi koti löytyi vasta
2 kuukauden etsinnän jälkeen! mies paljastaa:
yksinäistä miestä vierotaan vuokralaisena
    (nainen Malmilta on muuten yhä asunnoton
    – turpa kiinni! Vanha juttu jo!)

ennen lähdimme viikonloppuina shoppailemaan
sisustusliikkeisiin, nyt voi ostaa
vain välttämättömimmän (puhelinkin viime vuoden mallia)
    ja Arabian sarjat vajaat

Iloisina
jätämme uutisoimatta sossukundista: hän ei menettänyt
puolisoaan tai suloisia perhehaaveita,
ei taloaan, työtään tai elinkeinoaan, ei harrastusseurojaan, ei
edes ystäviään!

Tätä riemua!

III

Päivälehden otsikoissa riippuivat eivät
ilmastonmuutos öljyhuippu tai biodiversiteetin väheneminen
vaan kauhurainat suoraan Hellraisereista:
 kun liikemies haki mersunsa pesusta
 vettä oli päässyt digitaalijärjestelmiin
 nyt ei voi enää kuunnella radiota työmatkoillaan!
 (minne kärsimysten tie vei? tehokanalan toimistoon)

Sossukundi luki ja oleili yhteiskunnassaan
poti pikku depistään ja kävi lääkärissä:
 ei edellytä erikoissairaanhoidon tutkimusta/hoitoa
purnasi somessa ja edustajat hipsteritutut toverit
 aloittivat elävältä vaikenemisen
käänsivät päätä kadulla, kiiruhtivat twiittailemaan
    sorry
joivat siveästi, matkailivat turvaverkossaan:
 perhe, monikansalliset suhteet, sukulaahukset
 hyvät vastaan pahat, jos et ole osa ratkaisua –

ja he vaalivat
  varallisuusrasismia
    älykkyysrasismia
   avoimuusrasismia (vain pysähtyneistö jurottaa)
   sukurasismia
    ikärasismia
  luomurasismia
    yksinäisyysrasismia.

IV

Kaupungilla, anorakki yllä, kirjakassi

muista, pojalle uusi pyörä
tai uudet tossut, tai kaverit koulussa röhöttävät
repaleisille tennareille ja vanhemmille

katujen heleä messu jyrää ylitse pommituslennollaan
punaposket veisaavat pieninä ryhminä
hoosianna philipsin poika
kuka ei epäilisi itseään
kuka ilkeää hikoilla kassi-Anttina perjantai-illan huumassa!
kuka kehtaa näpelöidä viimeisiä
    kymmenpennisiään bussipysäkillä ja kaikki kattoo!

aika, ostokset, ja vuorojen odottelu *mikset ota taksia*
aina sen yhden pikkujutun puuttuminen
ja mahdottomuus hankkia sitä

> *maapallon ilmaston tilanne on nykyään niin vakava,*
> *että ympäristöjärjestötkin katsovat jo parhaaksi*
> *vaieta pahimmista uhista*

katsele, ihmisten ihoille ja vaatteisiin kirjoitettua Sanaa
nakkien, kulmakynän, uuden nerokkaan
hammashöylämuotoilun totuudesta,
kun tämä

hakkaa päivät kappaleiksi ja hotkii palat,
jakaa päivät rytmeihin,
joissa vuorottelevat
ruumiin ja unien myyminen rahasta,
ja yritykset etsiä ja lunastaa niitä jostain takaisin

We've got to get rid of all this green crap
(David Cameron)

Sana on pian totta! Ei olekaan
    enää muuta kuin onnen fasadeja.
Työtä tehdään mutta sitä häpeillään,
sitä piilotellaan ja vähätellään.
Tai suurennellaan
Kunonkovaa, Muttapärjättäväonperkele
ja kulutetaan, särjetään nivelet,
ja kun nämä taistelijat rampautuvat, he palaavat näyttämölle
vanhenneina, naama ja ruho täynnä arpia,
esittelemään ikävystyttäviä
    käytyjen ja hävittyjen taistelujen merkkejä
niin kuin jotkut veteraanit, joiden osana on vain kuljeskella
narreina, rumina ja sekapäisinä,
älykkäämmin ja onnekkaammin
    seikkailunsa valinneiden keskuudessa.

jos maapallon keskilämpötila nousee yli 4 C,
* se ylittää kaikkien järjestelmien (fysikaalisten,*
*   biologisten ja sosiaalisten) kyvyn sopeutua*

Niin miten tämän lomassa muistaa
olla unohtamatta kerettiläisyyttään
olla lannistumatta häpeään ja osattomuuden usvaan
jotka ovat porrasaskelmia sille varsinaiselle noitaroviolle

Poltettu! – epäiltynä köyhyydestä.
Poltettu! – syytettynä tyylin unohtamisesta.
Poltettu! – epäiltynä tiedottomasta vastahakoisuudesta.
Poltettu! – syytettynä rahvaanomaisesta kaunasta.

RUMUUS

... teollisesti tuotettuja aitoja michelinejä katulamppuja
tolppia logoja vaatteita neppisautoja lastenvaunuja
ilmapalloja puutarhakoristeita klooniautoja kopioyksilöitä,
standardoituja kipsivaloksia, satoja metrejä seinäelementtejä
suuria lasipintoja photoshopattuja myyttejä alumiiniprofiilia
automarkettien kattomeriä,
kukaan
ei ala piirtämään tussilla paitaan
ilmaistakseen luovuuttaan, se on
          lapsellista, kypsymätöntä, tyylitöntä,
  oikea viesti, the right thing
  suunnitellaan pc:llä ja painatetaan Saksassa

entä puutarhassa:
    irti niistä tikuista! aitaa tekemässä?! se tehdään muovista
    Guanddongissa 18 tunnin vuoroissa ja uitetaan pihaasi

tämän onnen kaiken suo meille orjatyö, ja
    öljy

me maistelimme
    me naukkailimme,
        me ryystimme sitä
1850-luvulla me menetimme järkemme

ja hitsasimme kaasun pysyvästi pohjaan
  isämme,
      isoisämme, isoisoisämme
        tottuivat loputtomaan, halpaan voimaan
se liikutti meitä
se antoi meille meikkejä
se antoi meille muovihelmiä,
      autonpenkkejä, halvat autokuskit
ikuiseen kasvuun

silloin me jo kaadoimme ämpäristä
päin pläsiä silmät päässä seisten

totuimme kaaokseen normaalina tilana
sotaan asiaankuuluvana
    juoppohullut toisiaan ja niitä
      juntti-inkkareita, ogoneita sun muita vastaan

3 prosenttia vuodessa me vain tarvitsemme lisää
  2 prosenttia vähemmän me saamme
tämä laskutoimitus on meille liian vaikea
    pikeentyneet lävet kuivuvat ja me yritämme
        puristaa kivestä öljyä

öljyliuskeista
    tehdään kaasusta öljyä
    kasveista
    syvempää
      meren alta

    jotain juotavaa
      tapan

meidän janomme, juopon neuvokkuus
vastaan luonnon Lait
sitten
  lapsemme opettelevat takaisin
maailmaan joka katosi kaksisataa vuotta sitten

aletaan nähdä
  puisia katuvalotolppia
    kävelyä
  niitä hauskoja risuaitoja
    villalapasia
  sórateitä hevosia
  puukolla vuoltuja pihakoristeita
kaalimaita kerrostalojen pihoilla ja ehkä liikaa toivottu
vuohia ja kissoja ja talkkareille luudat hätistelyyn.

VANHA ATTIKALAINEN

Vanha attikalainen hoippuu esiin, oraakkelin lause suussa
roomalaisia nuolenkärkiä selässään

se on matkannut kiviset tiet, rovioiden savussa,
barokkiset puistot, kivihiilipölyssä,
koko saastaisen edistyksen, se mainostaa
jotakin, mitäköhän, kaupparatsu
noin väsyneenä puolipukeissaan – mikä riepu!
ja aivan liian myöhään:

äärettömyys, lausumaton, selkeä
tuli nähdyksi ja kuvatuksi
murretuksi, silmänkäännöllä supistetuksi

loppumattomat laveat tasangot
tehtiin hulluuden magialla reservaateiksi
pieniksi keitaantäpliksi, voimilla joita jokainen käyttää
tahtomattaan, muuta enää osaamatta
murtuessaan hitaasti deduktion peilissä.

300 WATIN TUOKSAHDUS

I

Sanovat että me olemme omituisia
että me olemme synkkiä, pois tuo! Elämä on seikkailu!

Uudet hermekset uljaissa lippulaivoissaan
halkomassa avaruutta, paperiaalloilla
kertomassa miten he kaipaavat pois, lentäisivät

Marsiin, hämmästelemään elämää mutakuopissa;
excimerlaserilla ammutuin silmin
kohottelemaan kulmakarvoja kuin vain Anais Nin

Tongin lehden sivuja, raportteja siitä mikä meni vikaan
onnellisuuden tienviittoja,
alennuksia, Wrightin veljesten unia,
ja nämä sankarilliset matkailijat jäätyneissä puutarhoissaan
pyytämässä hulluja, nekrofilisia halujani?

II

Istun äänettömässä huoneessa ja vastaanotan
kädellisillä on kaukosäätimet
apinat hyökkäävät laumoina televisioasemille
kartut käsissään, oikeuksiaan tivaten

kioskeilla myydään pommeja
lehdet riippuvat puissa jotka näyttävät väinönputkilta
ne on kirjoitettu sähköaktiivisella musteella

minulla on lasiaivot
ajatusten lentävät linnoitukset
minä näen kaiken lävitse
talous sarjoitetaan ja myydään, koneet
pureutuvat maaperään, liitävät yli syvänvihreän viidakon

tarkka metronomi olen, tarkka, kierin yli mannerten,
käteni huitovat bezierkäyriä kun kävelen
pyörätuolissa pyöräjaloin ja ajattelen pyöreitä ajatuksia

hyvin rullaa
pyörät kaikille

kuljen kromisiltaa yli aamuruskon, väistelen täsmämyrkkyjä

minun hengitysilmaani on piilotettu pieniä kojeita
minä olen ininä Lapin kesässä
en paranoidi en paranormaali vaan paradoksi,
tuuleen kirjoitettu, itseliikkuva, normaaliksi säädelty,

(minut punnittiin, minulle annettiin kartat
ja tietoni juoksi pakoon maailman tiet)

III

Tuomenkehrääjäkoit nousivat kesällä puihin, sikisivät
nousivat oksistoon, peittivät aavemaisella seitillään

kauan ennen luolamaalauksia
historia kirjoitettiin meren pohjaan, siitä ei jäänyt merkkejä
joita osaisimme tulkita.

Me kirjoitamme yli.

Arkistojemme hoitajat käyvät dieselillä
moukuttavat vasaralla,
lyövät minut pahviritariksi
kappaleiksi kuohuvan kosken partaalle;

Joen yllä kuu paisuu ja tulee lähemmäksi
sillä ei ole enää kasvoja, ei koskaan ollutkaan,
se vinguttaa muovia urassa ja rupeaa mollottamaan,

jossakin bunkkerissa laskee järjen pyhä nälkä,
jahtaa viimeistä valkeaa täplää,
kuun säädytöntä tupakkataukoa
kesken kolmen kappaleen liikkeen.

Sinä joka selität kaiken!
Sinä joka vapautat meidät pimeydestä!

Ja aurinko — legendat kertovat että se eräänä
totta kai hyvin kauniina päivänä
ryhtyy kaikkien aikakausiemme pyöveliksi.

Sitä ei voi katsoa. Ripustan riippumaton puunlehvien alle
enkä ajattele yhdisteitä, jotka piileskelevät maaperässä
kuvittelen, etten koskaan kuullutkaan Henry Fordista
tai Turingista, tai kausaliasta joka tekee iltaruskon.

Makaan matossa niin kuin ketjukäyrä,
niin kuin väsynyt työmies, hervottomana,
Sinun Syväpuhdas Olemassaolosi minussa!

Muistakaa meitä, te tulevat meren arkeologit
kun plasma pyyhkii rantanne
me kirjoitimme teille valmiit vuorosanat:

hyvää yötä
nukkukaa hyvin.

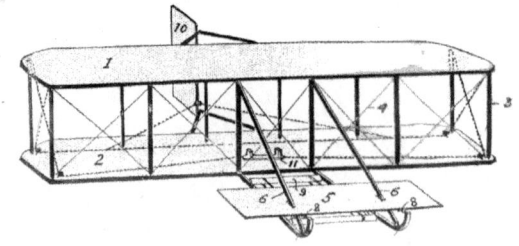

www.ingramcontent.com/pod-product-compliance
Lightning Source LLC
Chambersburg PA
CBHW031311060426
42444CB00033B/1209